Felix Leibrock

Weg zur Quelle

Was uns die Weltreligionen sagen

Felix Leibrock

Weg zur Quelle

Was uns die Weltreligionen sagen

rosenheimer

Inhalt

Die höhere Macht

Wer einer Religion angehört, hofft auf eine höhere Macht. Eine Macht, die nicht von dieser Welt ist, aber unsichtbar in diese Welt hineinwirkt. Eine Macht, die mir das Leben geschenkt hat, die mich im Leben begleitet und die mit mir ist, wenn ich sterbe.

Sechs von sieben Menschen auf der Welt suchen immer wieder das Gespräch mit dieser höheren Macht. Sie falten dazu die Hände oder legen sie aneinander, breiten Teppiche aus oder gehen an bestimmte Flüsse und in eigens dafür errichtete Gebäude, um die Nähe der höheren Macht zu erfahren. Sie beten einzeln und still oder gemeinsam und hörbar.

Religionen gehen meist auf einen Stifter zurück. Buddha, Jesus, Krishna, Mohammed, Moses haben Wege gezeigt, wie eine Beziehung zur höheren Macht ein sinnvolles Leben ermöglicht. Ihr Charisma hat ihnen Anhänger beschert, die die Lehre weiter getragen haben, über Räume und Zeiten hinweg. Durch Eisenbahn, Auto und Flugzeug, durch neue Kommunikationswege – vom Telegraphen bis zum Internet – haben sich die Räume und Zeiten in den letzten beiden Jahrhunderten zunehmend verdichtet. Religionen haben ihre angestammten, begrenzten Räume verlassen und agieren weltweit. Die Jünger Krishnas sind in den Straßen von Los Angeles ebenso zu Hause wie buddhistische Mönche, der Orden der christlichen Mutter Theresa wirkt in Kalkutta, in Buenos Aires stehen Synagogen und Moscheen. Religionen also als Schrittmacher der Globalisierung? Ja und Nein. Ja, weil sie wie die großen Wirtschaftskonzerne weltweit vernetzt und organisiert sind. Nein, weil sie von ihrem Anspruch her wie ein Gegenpol zum beschleunigten, konsumbeherrschten Leben wirken, indem sie Raum für Jenseitiges und für Transzendenz geben sowie dem getriebenen Individuum Zeit zum Atmen bieten.

Fünf Weltreligionen haben sich über die Jahrtausende ausgeprägt: Buddhismus, Christentum, Hinduismus, Islam und – zahlenmäßig vergleichsweise gering aber menschheitsgeschichtlich stark prägend – das Judentum. Daneben gibt es Menschen ohne religiöse Bindung. Aber gibt es die wirklich?

»Der Mensch kann nicht bestehen, ohne etwas anzubeten«, sagt der Dichter Fjodor M. Dostojewski. Oft verlagert sich das Anbeten einer jenseitigen unsichtbaren Macht in die diesseitige Welt hinein. Diktatoren haben sich oft gottgleich gesetzt, und wenn sie nicht freiwillig geschah, die Anbetung von ihren Völkern erzwungen. Aber auch andere Formen und Objekte der Anbetung kennen wir: das Auto, den Fußballverein, die Geliebte zum Beispiel. Doch Autos rosten, Fußballvereine steigen ab und die Geliebte erwidert vielleicht die Liebe nicht. Gerade in Krisenzeiten beginnen viele Religionslose nach dem Beständigen, Jenseitigen zu fragen, das sie in schweren Zeiten trägt und Vergängliches überdauert. Sie machen die Erfahrung, die der lateinamerikanische Befreiungstheologe Dom Hélder Câmara so formuliert hat: »Ein Mensch ohne Religion ist ein Wanderer ohne Ziel, ein Fragender ohne Antwort, ein Ringender ohne Sieg und ein Sterbender ohne neues Leben.«

Die Weltreligionen halten dagegen Visionen bereit. Visionen, die es ermöglichen, Leid auszuhalten und Ewiges zu erspüren. Visionen sind aber nur die eine Seite. Zum anderen bieten die Weltreligionen eine Fülle von Anhaltspunkten, wie ich das Leben in dieser Welt bewältigen kann. Jenseits und Diesseits durchdringen sich. Pflichten gibt es ebenso wie Perspektiven. Mein Leben kann sich zum Guten wandeln, wenn ich mich an die auferlegten Pflichten halte. Bezeichnend ist, dass die ethischen Ansichten der Weltreligionen in vielem übereinstimmen. Ein Beispiel benennt der Friedensnobelpreisträger Erzbischof Desmond Tutu gemeinsam mit seiner Tochter, Reverend Mpho Tutu: »Die Religionen schenken der Welt Hoffnung auf Frieden, weil uns jede Religion nötigt, über unser persönliches Wohl, unsere lokalen oder nationalen Ziele hinauszuschauen und einem Gott zu dienen, der größer ist als wir.« Umso erstaunlicher ist die Zahl der Kriege, die Völker im Namen der Weltreligionen geführt haben und führen. Hier wird Religion manipuliert und missbraucht. Der Terroranschlag in New York am 11. September 2001 hat die Perversion offenbar gemacht, nahmen doch die Attentäter in Kauf, dass viele Muslime, die im World Trade Center arbeiteten, ebenfalls starben und untröstliche Angehörige zurückließen. Auch für alle anderen Religionen lassen sich ähnlich erschreckende Beispiele der Verblendung vielfach in der Menschheitsgeschichte finden.

Kein Wunder, wenn also den (Welt-)Religionen mit großer Skepsis begegnet wird. Umso wichtiger ist es, zu den Quellen zurückzukehren und zu erfahren, was das Eigentliche der Religionen ausmacht. Wer sich auf dieses Verfahren einlässt, wird eine Fülle von Anregendem, ja Aufregendem finden, was das eigene Leben bereichern kann. In den Heiligen Büchern der Weltreligionen ist aufgezeichnet, was sich die Weisen eines Volkes über Generationen hinweg erzählt haben. Weise wird, wer Wissen, das sich bewährt hat, aufnimmt und weitergibt. Weisheiten entstehen so, und die Urschriften der Weltreligionen sind voll davon.

Dieses Buch enthält zu zehn zentralen Themen Weisheiten der Weltreligionen, ergänzt durch allgemeine Erläuterungen, welches Grundverständnis zu diesen Themen in den jeweiligen Religionen besteht. Wer sich auf die Weisheiten einlässt, wer vor dem Einschlafen oder in einer ruhigen halben Stunde eine dieser Weisheiten auf sich wirken lässt und überdenkt, der kann vielleicht spüren, wie etwas zuwächst, was von einer anderen Welt herkommt. Die Sehnsucht, sein Leben an einer höheren Macht festzumachen und sich mit allen Ängsten und Hoffnungen geborgen zu fühlen, kann hier einen Ankerplatz finden. Auch das Verständnis für andere Religionen wächst und bereichert uns, wenn man um die Hintergründe und Entstehungsbedingungen dieser Weisheiten weiß und sich auf dieses uralte Wissen einlässt. Eine Preisgabe des eigenen Glaubens ist damit in keinem Falle verbunden. Letztlich können wir nachspüren, was der unvergessliche Mahatma Gandhi ebenso schlicht wie großartig als seine Erfahrung formuliert hat: »Ich bin zu dem Schluss gekommen, dass, wer die Lehren anderer Religionen ehrfürchtig studiert – ganz gleich, zu welchem Glauben er sich selbst bekennt –, sein Herz weitet und nicht verengt.«

Menschen mit solch weitem Herzen, egal welchen Alters, welcher Herkunft und welchen Glaubens, haben das Zeug dazu, Botschafter des Friedens zu werden. Auch das persönliche Glück nimmt mit dem Gefühl zu, an eine bessere Welt nicht nur zu glauben, sondern daran mitzuarbeiten, seien die eigenen Möglichkeiten auch noch so bescheiden. Der Wunsch nach äußerem Frieden zwischen den Völkern und zwischen einzelnen Menschen entspricht dabei dem Bedürfnis nach Frieden im Innern, im Herzen, den jeder sich ersehnt. Wer mit sich selbst versöhnt ist und sich nicht von ständiger Anklage gegen sich selbst und andere aushöhlen lässt, der ist auch fähig, Frieden auszustrahlen und andere zu versöhnen. »Der Schlüssel zum Glück ist die Entwicklung von innerem Frieden«, sagt Seine Heiligkeit, der XVI. Dalai Lama, und fährt fort: »In unserer zunehmend komplexen und vernetzten Welt ist es dringend nötig, die Existenz anderer Kulturen, verschiedener ethnischer Gruppen und, natürlich, anderer Glaubensbekenntnisse anzuerkennen und wertzuschätzen.«

Diesen Schlüssel zum Glück, den die Texte dieses Buches bereithalten, zu entdecken, wünscht Ihnen von Herzen

Felix Leibrock

Armut und Reichtum – Geben und Nehmen

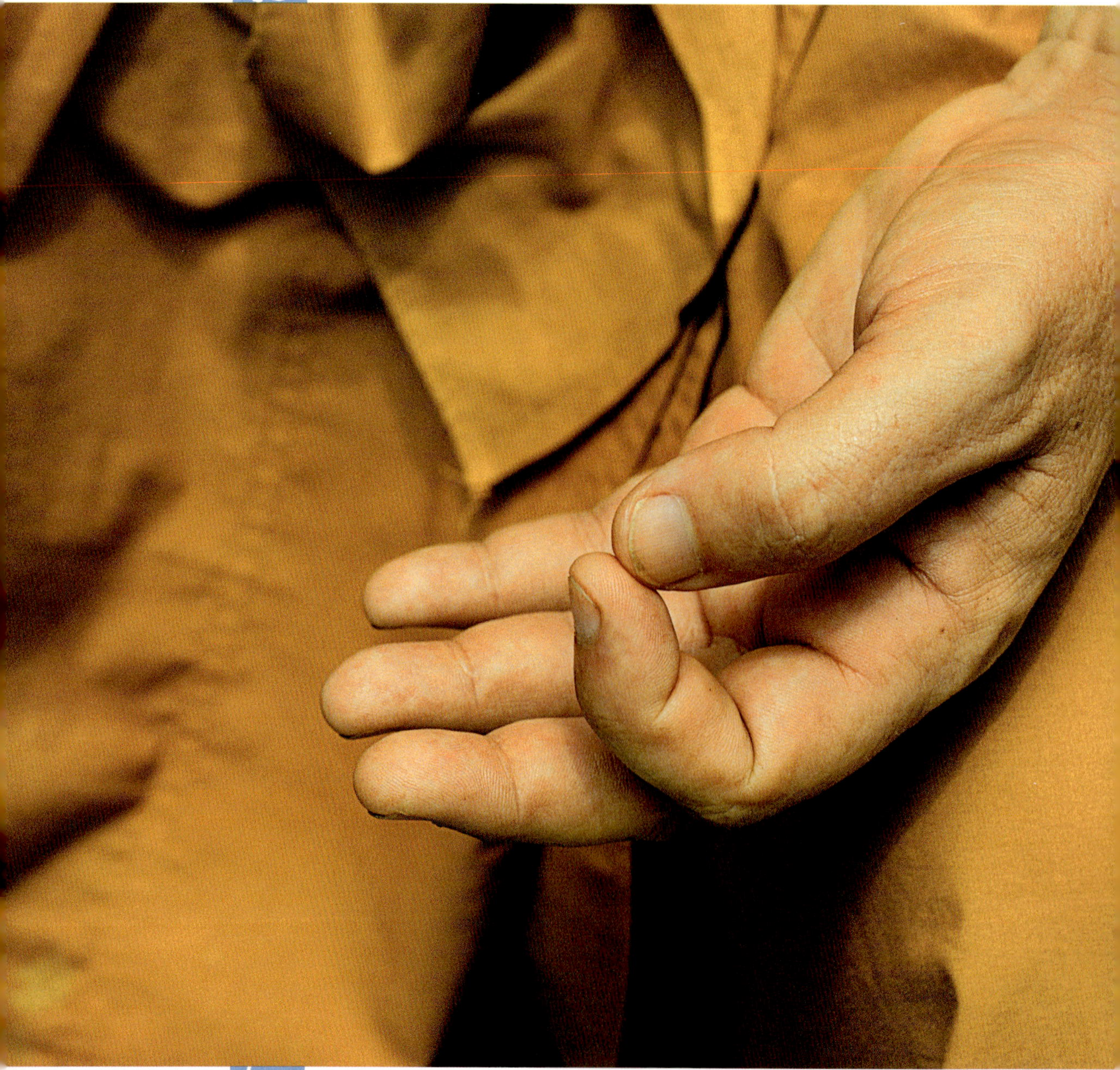

BUDDHISMUS

Reichtum zerstört einen unverständigen Menschen,
doch nicht den, der das andere Ufer sucht.
Denn es ist ja dieses Verlangen nach Reichtum,
womit du dich zerstörst,
als seiest du dein eigener Feind.

Dhammapada 355

Der Religionsstifter Gautama Siddhârta wuchs in wohlhabenden Verhältnissen auf und wählte nach seinem spirituellen »Erwachen«, das ihm den Ehrentitel Buddha brachte, den Weg in die äußere Armut. Vierzig Jahre wanderte er umher. Er prägt bis heute das Bild der mittellosen, auf Almosen angewiesenen Mönche und Nonnen. Unverständig ist der Mensch, der voller Gier und Hass ist. Der verständige Mensch dagegen bindet sich nicht an das Dasein mit all seinen Versuchungen und sucht das »andere Ufer«, das Leben ohne Gier und Hass, den Eintritt des Nirvana. Reichtum ist für Buddhisten nicht verwerflich, wenn er zu großzügigem und mildtätigem Verhalten führt.

CHRISTENTUM

Ihr sollt euch nicht Schätze sammeln auf Erden, wo sie die Motten und der Rost fressen und wo die Diebe einbrechen und stehlen.
Sammelt euch aber Schätze im Himmel, wo sie weder Motten noch Rost fressen und wo die Diebe nicht einbrechen und stehlen.
Denn wo dein Schatz ist, da ist auch dein Herz.

Matthäus 6,19-21

Das Neue Testament beschreibt in vielen Bildern die Gefahren des Reichtums. Der arme Lazarus müht sich um die Reste, die vom Tisch des Reichen fallen, dem für sein ignorantes Verhalten Höllenqualen bevorstehen. Jesus legt mit solchen Bildern nahe, den Armen in ihrer materiellen und seelischen Not beizustehen. Wer das tut, dem stehen Schätze im Himmel offen, das heißt, Gott wird die, die teilen und abgeben, belohnen.

HINDUISMUS

Kehre Luxusgegenständen und materiellem Vermögen den Rücken. Besitze sehr wenig und lege jedes >Mein<-Gefühl ab. Sei ruhig, im Frieden mit dir selbst und allen anderen. Gehe ein in den höchsten Zustand der Einheit mit mir – der ich die Wahrheit, das Bewusstsein und die Glückseligkeit bin.

Bhagavad Gita 18,53

Analog zum indischen Kastensystem sind im Hinduismus Reichtum und Armut vom Schicksal gegeben. Reichtum genießt, im Gegensatz zu manchen Forderungen in den Urtexten, hohes Ansehen. Die zunehmende Kritik am Kastensystem mit wenigen Reichen gegenüber vielen Armen verbindet sich mit der Forderung an jeden Einzelnen, der Welt zu entsagen und sich dadurch spirituell weiterzuentwickeln. Freigebigkeit gegenüber Armen bringt Verdienste bei der Wiedergeburt.

ISLAM

Mit denen, die ihr Vermögen auf dem Weg Gottes spenden, ist es wie mit einem Saatkorn, das sieben Ähren wachsen lässt mit hundert Körnern in jeder Ähre. Gott gibt das Doppelte, wem Er will. Gott umfasst und weiß alles.

Sure 2,261

Almosengeben zählt zu den fünf sogenannten »Säulen« des Islams. Schon der Prophet Mohammed hat diese Steuer in Medina angeordnet. Die verpflichtende Abgabe an Arme ist das Fundament des islamischen Sozialsystems. Reichtum ist von Gott geschenkt, zugleich aber vergänglich. Materieller Überfluss birgt die Gefahr, vom rechten Glauben abzulenken.

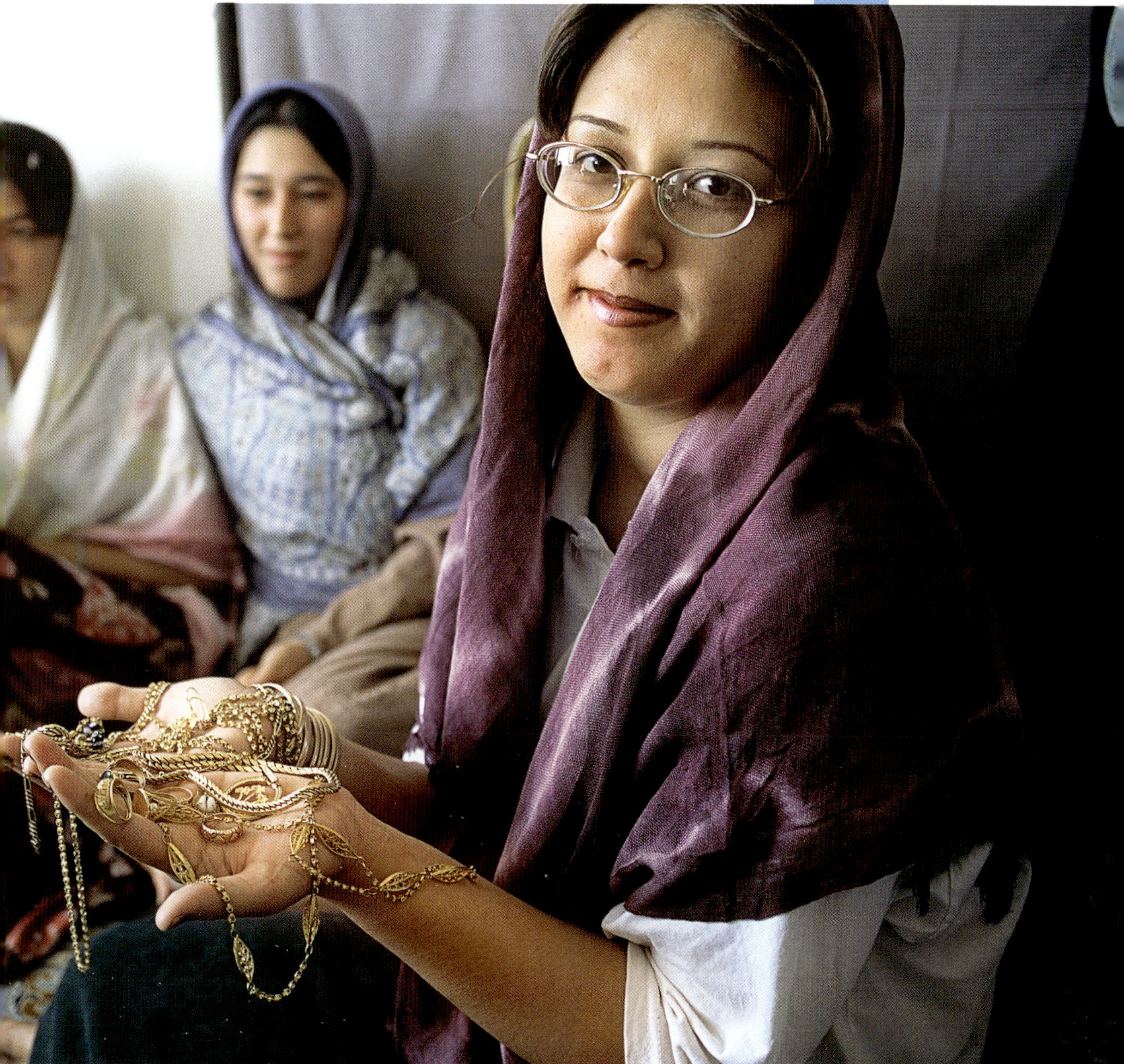

القرآن

ה תורה תורה תורה תורה תורה תורה תור

JUDENTUM

Reicher und Armer gehören zusammen,
der sie alle macht, ist ER.

Sprüche 22,2

Armut wird im Alten Testament an vielen Stellen gegeißelt, weil sie auf das falsche Sozialverhalten der Wohlhabenden zurückgeführt wird. Alle Menschen, egal ob arm oder reich, sind Gottes Geschöpfe und niemand darf Reichtum als gottgewollt legitimieren. Armut ist aus Sicht der Propheten nicht selbstverschuldet. Von seinem Umgang mit den Armen hängt das Heil des Volkes Israel ab. Gott schützt die Armen. Differenzierte, auf Gott zurückgeführte Bestimmungen, wie zum Beispiel das Zinsverbot und der Schuldenerlass im Sabbatjahr, sollen den Armen helfen und sie am Reichtum anderer teilhaben lassen.

Familie – Geborgensein

BUDDHISMUS

Du lachst, du vergnügst dich,
schau hin, wie diese Welt brennt,
du lebst so tief im Dunkel,
warum suchst du nicht nach dem Licht?

Dhammapada 146

Oberstes Ziel des Buddhismus ist der Eintritt des Nirvana. Ein Mensch erlangt diesen Zustand, wenn er das Leiden überwindet. »Leid« ist hier nicht nur als rein negativ besetzter Begriff zu verstehen, sondern umfasst alle Faktoren, die uns (geistig) an unser Dasein binden. Das Leiden entsteht primär aus Gier, Hass und Unwissenheit. Das Zusammenleben in einer Familie kann helfen, Gier und Hass zugunsten anderer Menschen abzubauen. Wer sich so verhält, bringt Licht in sein Leben. Der konkrete Weg geht über die vier edlen Wahrheiten: Tod führt zur Wiedergeburt; Unwissenheit über die Wege zur Erlösung ist zu überwinden; Begehren ist zu vernichten; Erlösung geht über einen achtfachen Pfad, an dessen Ende das vollkommene Sichversenken steht.

liebe Mütter,
schenke dir mein
Maria.

CHRISTENTUM

Ihr Kinder, seid gehorsam euren Eltern in dem Herrn; denn das ist recht. … Und ihr Väter, reizt eure Kinder nicht zum Zorn …

Epheser 6,1.4

Für Jesus treten bei der Berufung von Anhängern familiäre Bindungen zurück, wenn es darum geht, ihm mit aller Konsequenz nachzufolgen. Die Familie selbst ist im idealen Fall ein Abbild von Gottes Liebe, wie das Gleichnis vom verlorenen Sohn zeigt. Demnach gibt es mit der Familie einen Ort, an den Kinder zurückkehren können, wenn sie im Leben straucheln. Leben in dem Herrn bedeutet, nach Jesu Worten zu leben. Der Forderung nach Gehorsam der Kinder entspricht die Aufforderung des Apostels Paulus an die Väter (Eltern), die Kinder nicht zu reizen.

HINDUISMUS

Sei weder an Besitztümer noch an Familie gebunden. Liebe und erfülle deine Verpflichtungen gegenüber Gattin, Kindern, Elternhaus und Verwandtschaft, aber identifiziere dich mit ihnen nicht so stark, dass du den Atman, dein wahres Selbst, vergisst.

Bhagavad Gita 13,9

Der Hinduismus kennt dharma, das ewige Weltgesetz. Die Fortpflanzung ist Teil dieses Weltgesetzes. Vor allem männliche Nachkommen genießen Achtung, weil ihnen rituelle Handlungen vorbehalten sind, die die Verbindung zu den Ahnen herstellen. Ziel des Lebens ist die vollkommene Vereinigung mit Gott, sei es Brahma, Vishnu oder Shiva. Im Bemühen dies zu erreichen, treten auch familiäre Bindungen zurück.

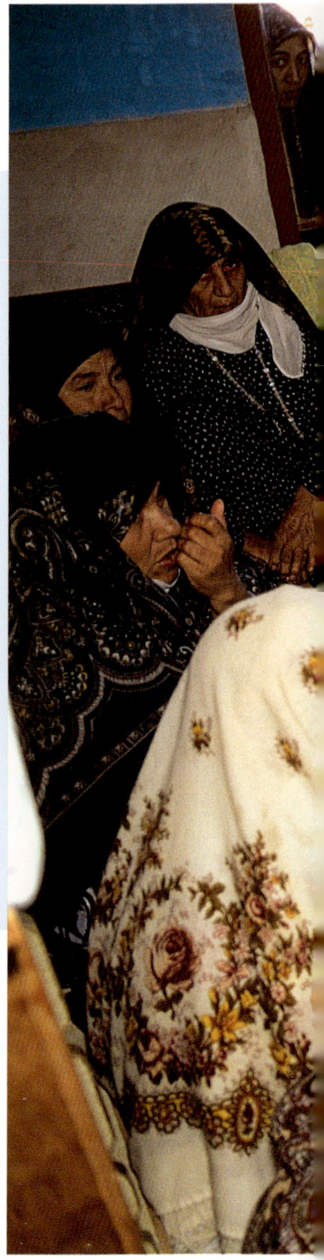

ISLAM

Dein Herr hat bestimmt, dass ihr nur Ihm dienen sollt, und dass man die Eltern gut behandeln soll. Wenn eines von ihnen oder beide bei dir ein hohes Alter erreichen, so sag nicht zu ihnen: »Pfui«, und fahre sie nicht an, sondern sprich zu ihnen ehrerbietige Worte. Und senke für sie aus Barmherzigkeit den Flügel der Untergebenheit und sag: »Mein Herr, erbarme dich ihrer, wie sie mich aufgezogen haben, als ich klein war.«

Sure 17,23–24

Im Islam ist der Gemeinschaftsgedanke zentral. Die Familie spielt darum auch in der Entwicklung des islamischen Rechts eine entscheidende Rolle. Die Ehe hat Vertragsstatus und bezieht sich weniger auf Mann und Frau als vielmehr auf die Familien der beiden Eheleute. In traditionellen Familien sind Schutz und Unterhalt die zentralen Aufgaben des Mannes, die Frau führt den Haushalt und erzieht die Kinder.

القرآن

JUDENTUM

*Gehorche deinem Vater, ihm, der dich gezeugt hat,
verachte nimmer, wenn sie alt ward, deine Mutter.*

Sprüche 23,22

Mit der Aufforderung, Vater und Mutter zu ehren, ist das vierte der Zehn Gebote eine Art Generationenvertrag. Die jungen, in Kraft stehenden Familienglieder sollen für die gebrechlichen Alten sorgen und können ihrerseits im Alter ebenfalls auf Hilfe durch die Nachkommen rechnen. Die Eltern zu achten, gerade auch im Alter, ist ein Zeichen von Dankbarkeit für das eigene Leben. Die Familie vermittelt ethische Werte und ist idealerweise Ort von Frieden und Harmonie, die auf die Umwelt ausstrahlen.

Die Macht der Liebenden

ธรรมะภาดา ธรรมะภาดา ธรรมะภาดา ธรรมะภาด

BUDDHISMUS

Aus der Sinnlichkeit erwächst Schmerz,
aus der Sinnlichkeit erwächst Angst,
befreie dich vom Haften an Sinnlichkeit,
und du wirst frei von Schmerz und Angst.

Dhammapada 215

Von Buddha selbst wird berichtet, halb bekleidete Frauen hätten ihn zu verführen versucht, er aber habe widerstanden und das Nirvana erreicht. Wie in anderen Religionen gilt auch im Buddhismus für Mönche sexuelle Enthaltsamkeit als erstrebenswert, um die Konzentration auf den meditativen Heilsweg zu steigern. Übertriebene Sinnlichkeit kann dem Weg zum Heil schaden. Dagegen ist die Sexualität in einer festen Partnerschaft Zeichen emotionaler Tiefe und ganzheitlicher Liebe. Eine gelingende, gelebte Beziehung bietet die Möglichkeit, die Zeiten überdauerndes Glück zu empfinden.

CHRISTENTUM

*Nun aber bleiben Glaube, Hoffnung, Liebe, diese drei;
aber die Liebe ist die größte unter ihnen.*

1. Korinther 13,13

Das Neue Testament entstand auf dem Hintergrund hoher Jenseitserwartungen. Das Leben in dieser Welt und damit auch die Sexualität verloren demgegenüber an Bedeutung. Mit der stärkeren Orientierung am Diesseits seit der Reformation und vor allem seit dem 19. Jahrhundert spielt die Frage nach erfüllter Sexualität eine immer wichtigere Rolle. Eine emotionale Bindung ist aber Voraussetzung für gelingende Beziehungen zwischen Mann und Frau. Liebende sind ein Abbild der himmlischen Liebe, wie sie Gott denen entgegenbringt, die an ihn glauben und auf ihn hoffen. Das Hohelied der Liebe, wie es der Apostel Paulus im Brief an die Korinther formuliert, verdichtet diese doppelte Bezüglichkeit der Liebe.

भगवद्गीता भगवद्गीता भगवद्गीता भगवद्गीता भगवद्

HINDUISMUS

Wo Herz und Sinn von einem Sturm der Liebe erfasst sind, verschwinden alle menschlichen Unterscheidungsmerkmale.

Bhagavad Gita 9,32

Die Einstellung des Hinduismus zur Liebe zwischen Mann und Frau ist ambivalent: Zum einen liegt mit dem Kamasutra eines der anregendsten Liebesbücher vor, das zu einer erfüllten Ehe beitragen soll. Zum anderen beschreiben religiöse Texte die verzehrende Kraft der Liebe, die der Gottesliebe abträglich sei. Nach den Sinnesgenüssen in der Lebensphase als Hausherr wird im höheren Alter die Konzentration auf die heiligen Schriften verlangt. In der Liebe zur höheren Macht werden alle Menschen gleich, egal ob Mann oder Frau oder welcher Kaste der Liebende angehört.

ISLAM

Und es gehört zu seinen Zeichen, dass Er euch selbst Gattinnen erschaffen hat, damit ihr bei ihnen wohnet. Und Er hat Liebe und Barmherzigkeit zwischen euch gemacht.

Sure 30,21

Der Koran steht der Liebe zwischen Mann und Frau und der Sexualität in der Ehe positiv gegenüber. Beides ist ein Geschenk Gottes. Mann und Frau sind aufeinander angewiesen und füreinander geschaffen. Der Ehe fällt eine entscheidende Rolle auch für die Gestaltung des gesellschaftlichen Zusammenlebens zu.

JUDENTUM

Setze mich wie ein Siegel
dir auf das Herz,
wie einen Siegelreif dir um den Arm,
denn gewaltsam wie der Tod ist die Liebe…
Die vielen Wasser vermögen nicht die Liebe zu löschen,
die Ströme können sie nicht überfluten.

Hoheslied 8, 6.7

Das Alte Testament kennt Stellen von hoher Erotik, vor allem das Hohelied (*Gesang der Gesänge* in Martin Bubers Übersetzung). Solche Stellen führen aus, was einer der alttestamentlichen Schöpfungsberichte explizit sagt: Mann und Frau sind füreinander geschaffen. Sexualität stabilisiert Beziehungen und ist nicht nur zur Fortpflanzung da. Wichtig ist die emotionale Tiefe, die mit der Sexualität einhergeht. Das Gebot der Nächstenliebe findet in der Liebe zwischen Mann und Frau eine besonders tiefe Anwendung.

Kinder:
Hoffnung für eine bessere Welt

BUDDHISMUS

Erwacht und glücklich, so verweilen sie
stets achtsam, die Schüler des Gotama,
sowohl am Tag wie in der Nacht
erfreuen sie sich des sanften Geistes.
Die Friedvollen, Gestillten leuchten schon von weitem
wie die Schneeberge des Himalayas,
doch die Ungestillten gleichen
unsichtbaren Pfeilen in der Nacht.

Dhammapada 300.304

Kinder, die in einem buddhistischen Umfeld aufwachsen, lernen von Erwachsenen, die Gefahren des Besitzstrebens zu erkennen. Sie eignen sich Gelassenheit und Friedfertigkeit an und haben gute Voraussetzungen, gegen den aus der westlichen Welt hereinbrechenden Konsumzwang gefeit zu sein.

CHRISTENTUM

Lasst die Kinder zu mir kommen und wehret ihnen nicht; denn solchen gehört das Reich Gottes. Wahrlich, ich sage euch: Wer das Reich Gottes nicht empfängt wie ein Kind, der wird nicht hineinkommen. Und er herzte sie und legte die Hände auf sie und segnete sie.

Markus 10,14–16

Für Jesus sind Kinder ein Vorbild. Sie handeln instinktiv und aus ganzem Herzen. Kinder, die christlich erzogen werden, sollen lernen, den Blick auf den leidenden Nächsten zu richten, sei es im direkten Umfeld oder weltweit. Sie müssen sich aber auch mit schwierigen und abstrakten Themen wie der Feindesliebe und der unendlichen Liebe Gottes, die höher ist als alles menschliche Begreifen, auseinandersetzen.

HINDUISMUS

Krishna sagt: Ich liebe den friedlichen Gottesverehrer, der weder die Welt in Unruhe versetzt noch sich von der Welt beunruhigen lässt. Ich liebe jene, die frei von Furcht, Neid und anderen Störungen sind, welche die Welt hervorbringt; die die Schläge des Lebens als verkappten Segen hinnehmen.

Bhagavad Gita 12,15

Im Hinduismus werden Kinder mittels alter Meditations- und Yogapraktiken mehr auf spirituellen denn auf materiellen Reichtum hin erzogen. Die meisten Hindu-Familien versammeln sich einmal am Tag um den Hausaltar. Gewaltlosigkeit und Selbstdisziplin zählen ebenso zu den pädagogischen Ansprüchen wie Selbstlosigkeit und das Lösen aus allen weltlichen Bindungen, um Anteil an der Ewigkeit zu erfahren.

القرآن

ISLAM

Singe das Lob deines Herrn vor dem Aufgang der Sonne und vor ihrem Untergang. Und preise ihn zu verschiedenen Nachtzeiten und an den Enden des Tages, auf dass du zufrieden bist. … Und befiehl deinen Angehörigen, das Gebet zu verrichten.

Sure 20,130.132

Muslimische Kinder lernen durch die geregelte Gebetspraxis der Erwachsenen, immer wieder innezuhalten und die Verbindung mit einer höheren Macht zu suchen. Sie sind damit widerstandsfähiger gegen die zunehmende, den Menschen an Leib und Seele verschlingende Beschleunigung, wie sie technische Neuerungen – oft entgegen der eigentlichen Intention ihrer Erfinder – mit sich bringen. Im regelmäßigen Gespräch mit Gott ist aber auch die Begrenztheit menschlicher Fähigkeiten immer präsent.

JUDENTUM

Ein weiser Sohn erfreut den Vater,
ein törichter Sohn ist der Gram seiner Mutter.

Sprüche 10,1

In der jüdischen Tradition spielen die religiösen Bräuche im Haus genauso eine große Rolle wie die in der Synagoge. Das Studium der heiligen Texte steht dabei im Mittelpunkt. Die zahlreichen religiösen Gesetze, die Kinder so miterleben, sind das Abbild der spirituellen Dimension. Beides, Gesetze und die spirituelle Begründung, befähigen dazu, ethisch verantwortlich zu handeln. So werden Kinder in hohem Maße unter anderem für Gerechtigkeit und Nächstenliebe sensibilisiert.

Enthaltsamkeit: Durch Verzicht reich werden

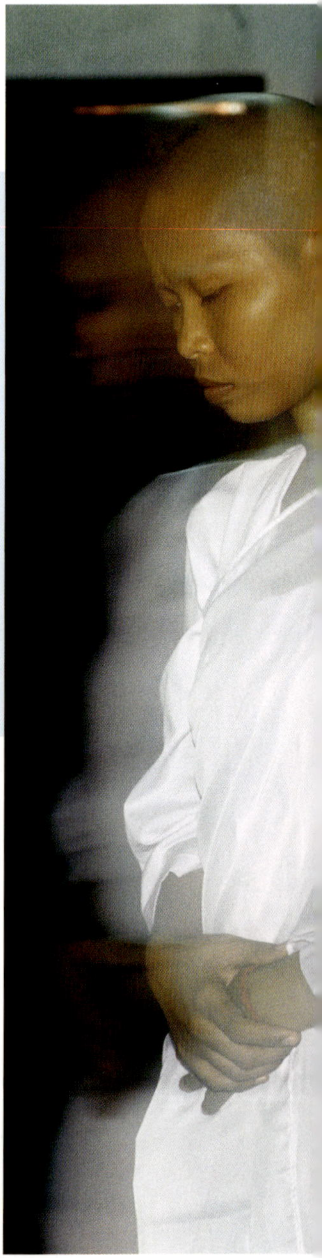

BUDDHISMUS

Wie glücklich leben wir doch,
frei von Gier unter Gierigen;
selbst inmitten gieriger Menschen
verweilen wir frei von Gier.

Dhammapada 199

Der Lebensweg des Religionsstifters Gautama Siddhârta zeigt, wie der Verlust äußeren Reichtums zur Steigerung des inneren Reichtums führt. Er ließ allen Besitz und Reichtum seines Elternhauses zurück, begab sich als mittelloser Sinnsuchender auf die Wanderschaft – und fand den Weg zum Nirvana.

CHRISTENTUM

Der Mensch lebt nicht vom Brot allein, sondern von einem jeden Wort, das aus dem Mund Gottes geht.

Matthäus 4,4

In der Wüste versucht eine dämonische, unsichtbare Macht, Jesus mit verlockenden Angeboten zu verführen. Durch vierzigtägiges Fasten erlangt Jesus die spirituelle Kraft, den Anfragen dieser Verführung zu widerstehen. Das Geschehen ist voll metaphorischer Dichte: Brot steht hier für materielle Bedürfnisse, die allein kein Glück bringen. Das Heil erwächst eher dort, wo sich der Mensch aus den Konsumzwängen und dem Lärm des Alltags zurückzieht. In der Stille kann er hören, wie Gott zu ihm spricht.

HINDUISMUS

Der heitere, ruhige Mensch, der in Gott versunken ist und folglich in Frieden lebt, ist der wahre Entsagende.

Bhagavad Gita 6,7

Der Hinduismus kennt die Einteilung des Lebens in vier Stadien, an deren Ende und Ziel die vollkommene Askese steht, das heißt die völlige Entsagung aller materiellen Dinge und das ausschließliche Sichversenken in Gott. Vorstufe ist das Leben als Waldeinsiedler. Im Rückzug kann eine intensive Beziehung zu den Göttern hergestellt werden. Zieht man als Wanderer mittellos von Dorf zu Dorf und verehrt dabei die Götter, so erlangt man im Hinduismus einen Status jenseits aller Kasten und sozialen Hierarchien. Diese Personen erwartet nach Tod und Wiedergeburt ein Leben auf einer höheren Stufe.

ISLAM

O ihr, die ihr es glaubt, vorgeschrieben ist euch, zu fasten, so wie es denen vorgeschrieben worden ist, die vor euch lebten, auf dass ihr gottesfürchtig werdet …

Sure 2,183

Im Islam ist das Fasten für alle Gläubigen durch den Ramadan verbindlich festgelegt. Dieser Fastenmonat, der den Verzicht auf Speisen, Trinken und Geschlechtsverkehr tagsüber vorschreibt, soll Umkehr ermöglichen und die Hinwendung zu Gott befördern. Verzicht bedeutet hier nicht die generelle Abkehr von materiellen Gütern, sondern nur die vorübergehende Einschränkung körperlicher Bedürfnisse. Muslime empfinden den Ramadan als eine Gnadenzeit, weil sie auf diese Weise Gott besonders nahe kommen.

القرآن

אנכי יהוה
אלהיך
את
כבד
אביך

תורה תורה תורה תורה תורה

JUDENTUM

Die nun säen in Tränen,
im Jubel werden sie ernten.

Psalm 126,5

Für das Volk Israel war die prägende Phase der Geschichte zwangsweise eine asketische Zeit: Gefangenschaft in Ägypten und Wanderung durch die Wüste. In dieser Zeit hat sich Gott durch Zuspruch und Handeln dem Volk Israel in großer Klarheit offenbart. Flossen einst bittere Tränen der Verzweiflung, so stand am Ende der triumphale, von Gott erwirkte Auszug aus der Sklaverei. Aus dieser Erfahrung heraus speist sich seitdem die jüdische Hoffnung, dass Gott in allen Gefangenschaften und Wüsten nahe ist und sich als Retter erweisen wird.

Macht und Schwäche

BUDDHISMUS

Besser als hundert Jahre zu leben,
ohne die Vergänglichkeit zu sehen,
ist ein einziger Tag des Erkennens,
wie alle Dinge entstehen und vergehen.

Dhammapada 113

Klein und bedeutungslos ist der einzelne Mensch angesichts der Unendlichkeit des Kosmos. Nach Buddhas Lehre kommt die Seele in den Wiedergeburten und dem damit einhergehenden Leiden nicht zur Ruhe. Im Loslassen von allen weltlichen Dingen und allen Gedanken, im Erreichen des Nirvana, steht dem Buddhisten ein Weg offen, den Kreislauf der Wiedergeburten und alles Leiden zu überwinden. Das Leben wird bedeutsam und hat Anteil an den Mächten des Universums.

CHRISTENTUM

Und der Herr hat zu mir gesagt: Lass dir an meiner Gnade genügen; denn meine Kraft ist in den Schwachen mächtig.

2. Korinther 12,9

Der Apostel Paulus berichtet unter anderem im Brief an die Korinther von himmlischen Offenbarungen, die ihm widerfahren seien. Vor allem habe er die Zusage, in Zeiten der Schwäche wolle der Herr ihm nahe sein und ihn stärken. Das deckt sich mit dem Handeln von Jesus, der immer wieder die Nähe der Schwachen sucht: Kranke, Alte, Ausgestoßene spürt er auf und stärkt sie mit himmlischer Energie.

HINDUISMUS

Suche nur beim Göttlichen Zuflucht, geliebter Freund. Denke immer an die erhabene Wahrheit, dass du weder ein von Gott unabhängiges Sein noch eine von ihm unabhängige Individualität hast. Stimme dein ganzes Leben auf diese Wahrheit ab.

Bhagavad Gita 18,62

In der Bhagavad Gita, der vielleicht beliebtesten Schrift der Hindus, steht die Schwäche des jungen Kriegers Arjuna im Mittelpunkt. Angesichts einer bevorstehenden Schlacht zittern ihm die Glieder. Er gesteht dies seinem Wagenlenker Krishna und stellt ihm die Frage nach der Sinnhaftigkeit des Daseins. In seinen Antworten offenbart sich Krishna als Inkarnation des Gottes Vishnu. Er richtet Arjuna mit göttlicher Macht auf.

ISLAM

Was dich an Gutem trifft, ist von Gott.
Und was dich an Schlechtem trifft, ist von dir selbst.

Sure 4,79

Der Koran kennt viele gesetzliche Bestimmungen, die von Gott selbst abgeleitet und damit autorisiert sind. Sie sind Belege für die Weisheit Gottes und für seine uneingeschränkte Allmacht. Zugleich ist Gott gnädig und barmherzig, mit Verständnis für die Schwächen der Menschen. Der Vers aus der vierten Sure spitzt die Aussage zu, um das Bewusstsein zu ändern: Wem Schlechtes widerfährt, sollte zuerst die Ursache dafür bei sich selbst suchen. Wer Glück erfährt, sollte den Dank an Gott nicht vergessen.

القرآن

JUDENTUM

Auch wenn ich gehen muß
durch die Todschattenschlucht,
fürchte ich nicht Böses,
denn du bist bei mir.

Psalm 23,4

Die Geschichte von David und Goliath steht exemplarisch für Gottes Handeln am Volk Israel. Der kleine, scheinbar schwächere David ist gewappnet mit der Weisheit und Nähe Gottes und siegt gegen den scheinbar übermächtigen Goliath. Auch viele Psalmen sprechen aus der Sicht des Leidenden und Schwachen, der Gottes Beistand erfährt. Solche Texte spiegeln individuelle Erfahrungen, aber auch die Geschichte des Volkes Israel als eines kleinen, aber von Gott begleiteten Volkes. Das Bild vom begleitenden Gott im »finsteren Tal« (Martin Luther) gewinnt in Martin Bubers Übertragung noch mehr Anschaulichkeit: Todschattenschlucht beinhaltet gleich drei Angst machende Wörter, die aber durch die Zusage von Gottes Beistand ihre bedrohliche Kraft verlieren.

Krieg und Frieden

BUDDHISMUS

Wer inmitten streitender Menschen ruhig bleibt,
wer inmitten kämpfender Menschen friedvoll bleibt,
wer inmitten gieriger Menschen losgelöst bleibt,
den nenne ich einen Heiligen.

Dhammapada 406

Zu den religiösen Grundsätzen eines Buddhisten gehört es, Gewalt in jeglicher Form abzulehnen. Ziel ist es, inneren Frieden zu finden und diesen auszustrahlen. Buddhas Lehrreden bieten keinerlei Ansätze für Gewaltausübung. Toleranz gegenüber anderen Religionen ist charakteristisch für den Buddhismus. Wie die Geschichte zeigt, ist der Buddhismus von allen großen Religionen am meisten der Gewaltlosigkeit gerecht geworden und kennt viele Beispiele aktiver Friedensarbeit zwischen Kriegsparteien.

CHRISTENTUM

Selig sind, die Frieden stiften; denn sie werden Gottes Kinder heißen.

Matthäus 5,9

Jesus hat durch Worte und Taten zum Frieden aufgerufen. Vor allem die Bergpredigt mit der Forderung, auf Vergeltung zu verzichten und dem Gegner bewusst wehrlos entgegenzutreten, zeichnet einen konkreten Weg vor, wie die Spirale der Gewalt durchbrochen werden kann. Ein Blick in die Geschichte zeigt allerdings, dass die christlichen Kirchen diesen Weg oft nicht gegangen sind.

HINDUISMUS

Es ist alles so sinn- und nutzlos, Krishna. Obwohl diese Feinde mich töten wollen, will ich sie nicht töten – nicht einmal für die Herrschaft über die ganze Welt oder gar die himmlischen Sphären.

Bhagavad Gita 1,33-35

In der Bhagavad Gita stellt sich der junge Krieger Arjuna die Frage nach dem Sinn des Krieges. Sein Meister Krishna weist ihn auf die Unsterblichkeit der Seele hin und relativiert so Krieg als ein Töten nur der Körper. In frühen Hindu-Texten taucht das Gebot auf, man dürfe Lebewesen nicht verletzen. Bezogen war es vornehmlich auf Tiere, die im Hinduismus aufgrund des Glaubens an die Reinkarnation traditionell geschützt sind. Mahatma Gandhi (1869–1948) hat dieses Gebot auf den politischen Raum ausgeweitet und Krieg als Mittel der Politik entschieden abgelehnt.

القرآن

ISLAM

Wenn sich die Feinde von euch fernhalten und nicht gegen euch kämpfen und euch Frieden anbieten, dann erlaubt euch Gott nicht, gegen sie vorzugehen.

Sure 4,90

Im Wort Islam steckt salâm, die arabische Bezeichnung für Frieden. Frieden ist das Ziel in der Beziehung des einzelnen Gläubigen zu Gott, aber auch für das Miteinander in der Gemeinschaft. Gegenüber Angriffen von außen kennt der Koran das Recht zur Verteidigung. Grundsätzlich war der Prophet Mohammed gesandt, um Frieden zu bringen. Aggressive Verse im Koran sind unter Beachtung des historischen Kontexts zu deuten. Oft werden sie, isoliert, für politische Zwecke missbraucht.

JUDENTUM

Die zum Frieden raten, bei ihnen ist Freude.

Sprüche 12,20

Sowohl die Möglichkeit des Krieges wie die unbedingte Forderung des Schaloms, des Friedens, haben im Alten Testament eine breite Tradition. Die häufige Bedrohung des jüdischen Volkes hat zu vielen Kriegen geführt, zugleich lebt die Vision vom Friedensreich fort, in welchem Völker die Schwerter zu Pflugscharen umschmieden.

Leben und Tod

า ธรรมะภาดา ธรรมะภาดา ธรรมะภาดา ธรรมะภ

BUDDHISMUS

Wenn du von dieser Welt
in jene nächste gehst,
mit welch großer Freude empfangen dich da,
wie Freunde, deine guten Taten.

Dhammapada 220

Leben, Sterben und Wiedergeburt sind nach buddhistischer Vorstellung ein Kreislauf, das »Rad des Lebens«. Der Tod bringt kein Ende des Leidens, da sich durch die Wiedergeburt das Leiden auf andere Weise, das heißt im nächsten Leben, fortsetzt. Wer Gutes gedacht oder getan hat, darf nach der Wiedergeburt auf ein sozial bessergestelltes Leben hoffen. Nur wer Gier, Hass und Unwissenheit wie Gautama Siddhârta vollständig überwindet, kann Leidfreiheit und Erlösung, also Nirvana, erlangen.

CHRISTENTUM

Meine Schafe hören meine Stimme und ich kenne sie, und sie folgen mir;
und ich gebe ihnen das ewige Leben, und sie werden nimmermehr umkommen, und niemand wird sie aus meiner Hand reißen.

Johannes 10,27–28

Karfreitag steht für den Tod von Gottes Sohn, Ostern für die Auferstehung und die Überwindung des Todes. Wer an Jesus Christus glaubt und sich an seine Worte hält, dem ist die Auferstehung in eine andere, bessere Welt zugesagt.

HINDUISMUS

Alle Wesen existieren nur vorübergehend. Vor der Geburt sind sie unmanifestiert. Bei der Geburt nehmen sie dann eine manifestierte Form an. Und bei ihrem Ende werden sie wieder unmanifestiert. Was an alledem sollte einen bekümmern? Das Bekümmertsein über das Vorübergehende erschöpft nur deine Energie und hält dein spirituelles Wachstum auf.

Bhagavad Gita 2,28

Während der Körper nach dem Tod in die Naturelemente übergeht, kehrt die Seele in einem anderen Lebewesen wieder. Nach dem Tod und vor der Geburt sind alle Wesen ohne Körper, das heißt unmanifestiert, bevor sie sich wieder in einem Körper manifestieren. Moralisches und religiöses Verhalten bestimmen die Qualität des Lebens der nächsten Inkarnation. Nur spirituelles Einswerden mit der göttlichen Energie ermöglicht es, den Kreislauf der Wiedergeburten zu überwinden.

القرآن

ISLAM

Mit dem Paradies, das den Gottesfürchtigen versprochen ist, ist es wie folgt: Darin sind Bäche wie Wasser, das nicht faul ist, und Bäche mit Milch, deren Geschmack sich nicht ändert, und Bäche mit Wein, der genussvoll ist für die, die davon trinken, und Bäche mit gefiltertem Honig.

Sure 47,15

Nach der Vorstellung des Korans ist jeder Mensch von Gott geschaffen. Laut Koran gibt es die Auferstehung und das Gericht. Im Gericht bestimmen Glaube und Taten im Diesseits das Urteil: Die einen sind die Verdammten, die in ewige Höllenqualen kommen, die anderen sind die Geretteten, denen das Paradies offen steht. Die alte Utopie vom Land, in dem Milch und Honig fließen, erweitert sich im Koran, der in heißen, wüstenhaften Gegenden entstanden ist, um das Bild der Bäche von sauberem Wasser und Wein als Symbolen für das Paradies.

JUDENTUM

Gott spricht: Da, ich öffne eure Gräber,
ich ziehe euch aus euren Gräbern,
mein Volk,
ich lasse euch kommen
zu dem Boden Jisraels.

Hesekiel 37,12

Luther übersetzt den letzten Teil des Verses so:
»… und hole euch, mein Volk, aus euren Gräbern
herauf und bringe euch ins Land Israels.«

Gott hat nach den Schöpfungsberichten den Menschen geschaffen. Leben entspringt seinem schöpferischen Willen. Andeutungen über ein Leben nach dem Tode sind im Alten Testament eher selten oder vage. Der Prophet Hesekiel zeichnet allerdings ein gewaltiges Bild von einem Totenfeld: Durch Gottes Atem erstehen die Toten des Volkes Israel zu neuem Leben auf.

Schöpfung

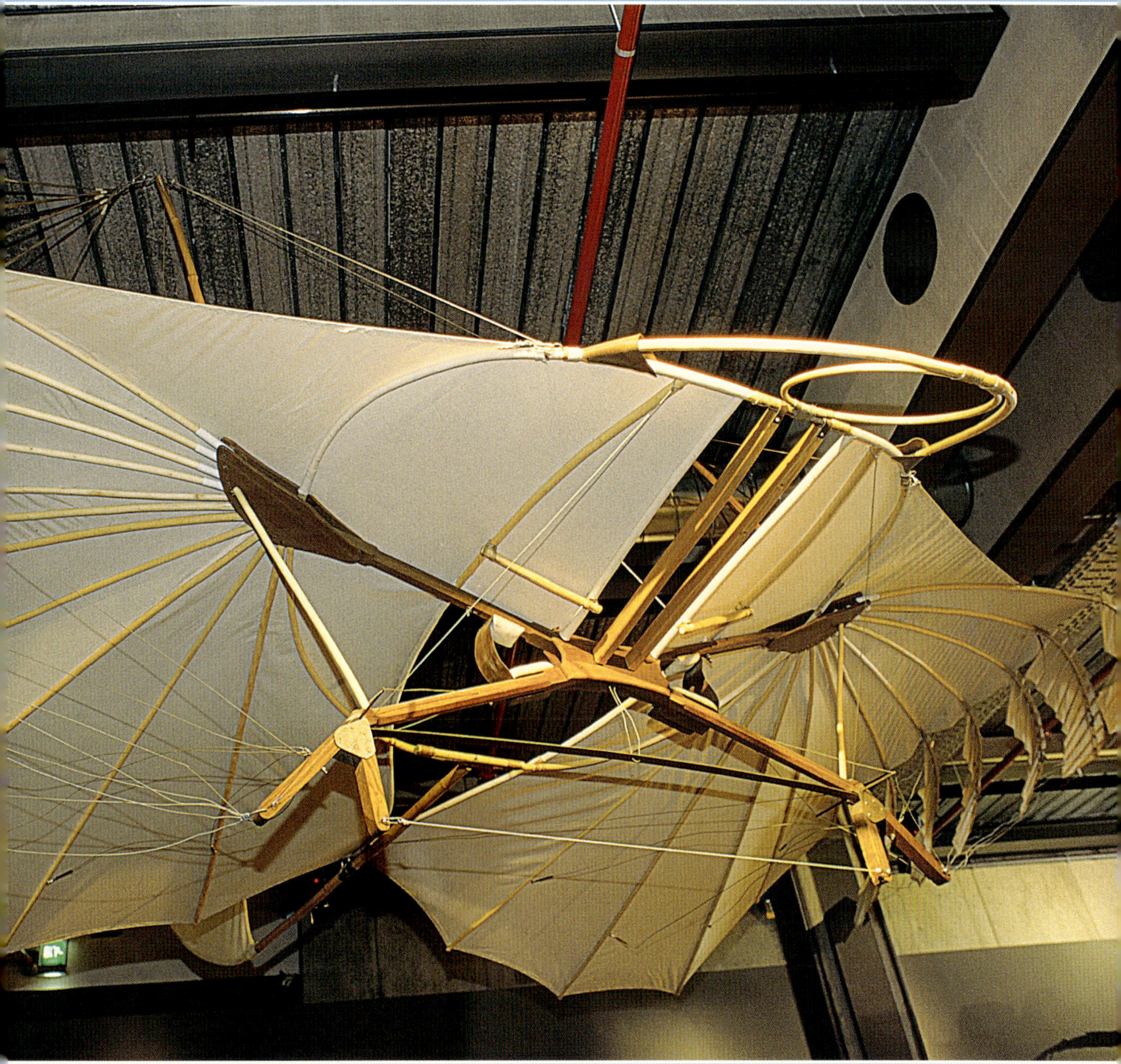

BUDDHISMUS

Alle Dinge entstehen im Geist,
sind unseres mächtigen Geistes Schöpfung.

Dhammapada 1

Die Biographie des Gautama Siddhârta und die Vorstellung vom Rad des Lebens mit der ständigen Abfolge von Geburt, Tod und Wiedergeburt stehen im Mittelpunkt der buddhistischen Lehre. Die Erschaffung der Welt wird nicht erörtert. Auch Götter unterliegen den Naturgesetzen. Sie sind für den Kultus bedeutsam, haben aber keinen Einfluss auf die Welt und das Heil des Menschen. Der einzelne Mensch verfügt über schöpferische Kraft, da er sich im äußersten Fall durch eigenes Bemühen aus dem sich drehenden Rad befreien kann und das Nirvana erreicht. Der menschliche Geist verfügt über Kräfte, die ihn umgebende Realität zu schaffen und zu verändern.

CHRISTENTUM

Jesus spricht: Himmel und Erde werden vergehen; meine Worte aber werden nicht vergehen.

Markus 13,31

Gott ist aus christlicher Sicht der Schöpfer der Welt. Die alttestamentlichen Erzählungen sind Ausdruck von bewunderndem Staunen über die Größe und Herrlichkeit der Schöpfung. Dem Menschen hat Gott eine Mitverantwortung für die Bewahrung der Schöpfung zugesprochen. Jesus eröffnet eine noch weitergehende Dimension: Gottes Größe übersteigt alles, was wir an Vorstellungen aus der Schöpfung ableiten können. Seine Worte bestehen und seine Zusagen erfüllen sich, wenn auch alles andere vergeht.

HINDUISMUS

O Arjuna, geliebter Gefährte, ich bin der Quell von allem in der Schöpfung, der Ursprung aller Wesen, aller Lebenserscheinungen. Ich bin tatsächlich alles, was man denken, sich vorstellen oder ersinnen kann. Nichts auf dieser Welt, sei es belebt oder unbelebt, vermag ohne mich zu existieren. ... Nimm also einfach zur Kenntnis, dass ich, das Brahman, existiere – und dass ich diese ganze Schöpfung mit einem kleinen Bruchteil meiner höchsten Herrlichkeit trage und erhalte.

Bhagavad Gita 10,39.42

In den ältesten Hindu-Texten, den Veden, finden sich mythische Erzählungen über die Entstehung der Welt. Mit der Opferung von Purusha, einer Art Urmensch, sind aus seinen Körperteilen Mond, Sonne und der Sternenhimmel entstanden. Sich mit dem Brahman, eine göttliche Energie, wesenhaft zu vereinigen, ist schöpferische Aufgabe und höchstes Ziel jedes Einzelnen.

ISLAM

Gott hat die Himmel und die Erde in Wahrheit erschaffen. Darin ist ein Zeichen für die Gläubigen.

Sure 29,44

Gott ist dem Koran nach der Schöpfer der Welt. Das Werk der Schöpfung ist nicht ein einmaliger, urzeitlicher Vorgang, sondern Gott erschafft die Welt und den Menschen durch Wachsen in der Natur und Geburten in jedem Augenblick neu. Der Gläubige erkennt in der Natur die Zeichen Gottes. Dem Menschen hat Gott eine Mitverantwortung für die Bewahrung der Schöpfung zugesprochen.

القرآن

JUDENTUM

ER, Gott, nahm den Menschen und setzte ihn in den Garten von Eden, ihn zu bedienen und ihn zu hüten.

1. Mose 2,15

Gott ist aus jüdischer Sicht der Schöpfer der Welt, die ursprünglich als Garten Eden in paradiesischem Zustand war. Er spricht dem als sein Ebenbild geschaffenen Menschen die Aufgabe zu, diese Schöpfung zu verbessern. Durch diese Aufgabe erhebt Gott den Menschen zum Mitschöpfer.

PARIS
BUENOS AIRES

Die Religions-gemeinschaft als geistige Heimat

BUDDHISMUS

Wenn du als junger Mönch schon
des Buddhas Lehre eifrig übst,
dann wirst du diese Welt erkennen
und erleuchten, so wie der wolkenlose Mond.

Dhammapada 382

Spirituelles Wachsen, Überwinden von Gier und Hass, diese entscheidenden Aufgaben im Buddhismus sind individuell zu leisten. Gemeinschaft entsteht in Familien und in buddhistischen Klöstern, die auch Laien offen stehen. Meditation und Stilleübungen sind Wege, die von Mönchen angeleitet werden, und die Gemeinschaft stiften.

CHRISTENTUM

Wo zwei oder drei versammelt sind in meinem Namen, da bin ich mitten unter ihnen.

Matthäus 18,20

Jesus hat Jünger berufen und bei seinen Reden eine Gemeinde aufgebaut. Die christlichen Kirchen schaffen durch gleiche Gesänge und Gebete Gemeinschaft über die Zeiten und Ländergrenzen hinweg. Gleiche Rituale vermögen Identität zu stiften. Entscheidend dabei ist, dass die Rituale verstanden und sinnlich erlebt werden. Die Gemeinschaft von Taizé zum Beispiel, das ökumenische Kloster in Frankreich, ist hoffnungsvolles Zeichen, wie christliche Rituale spirituell Suchenden Gott erfahrbar machen.

HINDUISMUS

Ein wahrer Yogi ist kein spiritueller Einsiedler, sondern ein Gott zugewandter, von Disziplin durchdrungener Mensch, der ganz und gar in der Welt lebt.

Bhagavad Gita 6,7

Neben dem religiösen Leben innerhalb der Familie findet Gemeinschaft in den Tempeln statt. Ein herausragendes gemeinschaftliches Erleben ist das Pilgern zu Flüssen und die rituellen Waschungen darin. Trennend wirkt, trotz offizieller Abschaffung, das gesellschaftliche Kastenwesen. Neue Gemeinschaften entstehen heute zwischen Sinnsuchenden aus der westlichen Welt und einheimischen Hindus, wenn sie beispielsweise gemeinschaftlich am Flussufer bei aufgehender Sonne ins Gebet versunken sind.

ISLAM

Jeder hat eine Richtung, zu der er sich wendet. So eilt zu den guten Dingen um die Wette. Wo immer ihr euch befindet, Gott wird euch alle zusammenbringen. Gott hat Macht zu allen Dingen.

Sure 2,148

Waren die Menschen dem Koran nach ursprünglich eine einzige Gemeinschaft, so haben Unglaube und Egoismus zu religiös-politischen Spaltungen geführt. Die fünf religiösen Grundpflichten (Glaubensbekenntnis, Gebet, Fasten, Almosen, Wallfahrt) schaffen unter Muslimen ein starkes Gefühl von Gemeinschaft.

القرآن

JUDENTUM

*Meinen Bogen gebe ich ins Gewölk,
er werde Zeichen des Bunds zwischen
mir und der Erde.*

1. Mose 9,13

Wie keine andere Religion war das Judentum die meiste Zeit seiner Geschichte über die ganze Welt verteilt, ohne geographische Heimat. Im Zuge von Verfolgungen und Pogromen hat der Glauben raum- und zeitübergreifend eine kollektive Identität gestiftet. Die biblische Verheißung vom mitgehenden Gott, wie sie die Wüstenerfahrung der Moseszeit verdichtete, gab und gibt Halt und Hoffnung. Das Bild des Regenbogens, den Gott zum Zeichen des Bundes in die Wolken setzt, kann stellvertretend für alle Menschen stehen, die sich an die höhere Macht wenden. Mögen die Religionen auch so verschiedenfarbig wie der Regenbogen sein, sie sind alle verbunden durch ihr Bestreben, den Himmel zu öffnen.

קרבן
תמיד

Dhammapada ธรรมะภาดา

Bibel Τὰ βιβλία

Bhagavad Gita भगवद्गीता

Koran القرآن

Tora תורה

Fotografie:
Klaus G. Förg, Rosenheim: Seite 8/9, 10/11, 12/13, 20/21, 22/23, 24/25, 26/27, 30/31, 32/33, 35, 36/37, 42/43, 46/47, 48, 54/55, 56/57, 58/59, 60/61, 68/69, 70/71, 72/73, 74/75, 78/79, 80/81, 82/83, 85, 93, 94, 96/97, 102/103, 104/105, 106/107, 108/109, 114/115, 116/117, 118/119, 120/121
Andrea Göppel, Bobingen: Seite 66, 90/91, 126/127
Reiner Harscher, Friedrichsdorf: Seite 14/15, 16/17, 28/29, 39, 40/41, 44/45, 50/51, 52/53, 62/63, 64/65, 76/77, 86/87, 88/89, 98/99, 100/101, 110/111, 112/113, 124/125
Bernd Römmelt, München: Seite 19
H.W. Scheller, o.O.: Seite 122/123

Besuchen Sie uns im Internet:
www.rosenheimer.com

Layout/Typographie: Catherine Avak, München
Satz: avak Publikationsdesign, München
Lithografie: Repro Ludwig, Zell am See
Druck und Bindung: Kessler Druck + Medien GmbH & Co. KG, Bobingen
Printed in Germany

ISBN 978-3-475-53878-0